AF542225

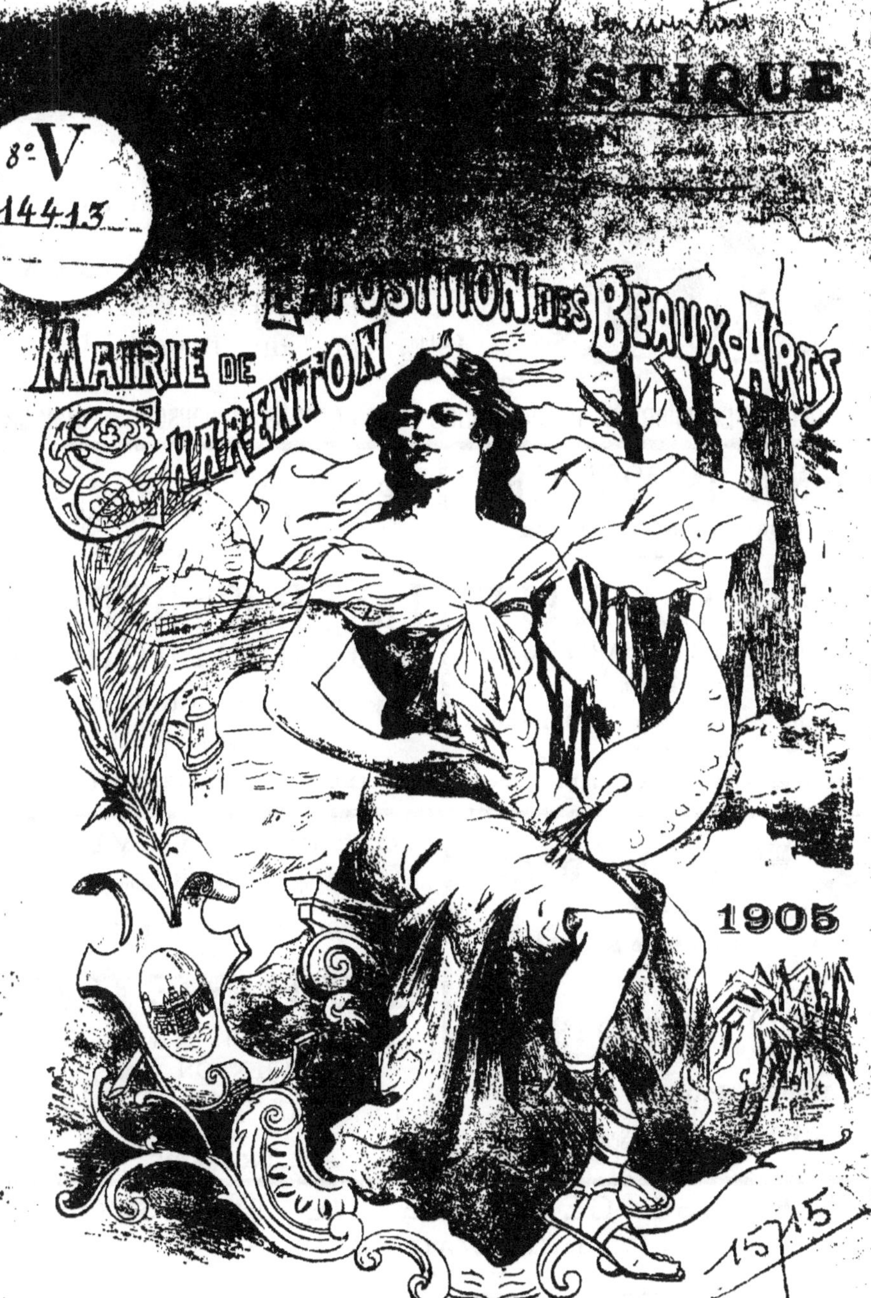




**Prix du Catalogue : 50 cent.**

Imprimerie à vapeur Veuve Firmin MAILLÈZE, 39, rue de la République
CHARENTON

# HUITIÈME EXPOSITION
DES
# BEAUX-ARTS
ORGANISÉE
PAR LE
## GROUPE ARTISTIQUE
de la Région de Charenton

OUVERTE
A LA
MAIRIE DE CHARENTON

**Du Dimanche 24 Septembre au Dimanche 15 Octobre 1905**

CHARENTON
Imprimerie à vapeur Veuve Firmin MAILLÈZE
39, Rue de la République, 39

1905

## CONSEIL D'ADMINISTRATION

MM. Dussault (A.), ✠, ♁, ✪ I, *Président.*
Merlin (M.), ✪ I., ♁, ✠, *Vice-Président.*
Leroux, ✪ I, *Secrétaire.*
Moreau, ✪, *Trésorier.*

## MEMBRES DU CONSEIL

MM. Delbos.
Guyon, ✪.
Hubert.
Mlle Jullien, ✪.

MM. Dumont.
Hariot.
Aurili Ricardo.
P. Charpenet, ✪.

## MEMBRES DU JURY

### Peinture

MM. Bouvet, Delbos, L'Huillier, ✪, Merlin, ✪ I, ♁, ✠, Zwiller.

### Sculpture et Gravure en Médailles

MM. Aurili Ricardo, Hubert, Rolard.

### Architecture

M. Guyon, ✪.

### Gravure et Lithographie

M. Brument, Mlle C. Jullien, ✪.

### Photographie

MM. Abram, Paul Charpenet, ✪, Regueton.

Les personnes désirant avoir les Statuts sont priés de s'adresser au contrôle ou au Secrétaire.

# LISTE DES MEMBRES DE LA SOCIÉTÉ

## MEMBRES HONORAIRES

MM. **Bessière,** 29, rue du Petit-Château, Charenton.
**Cusenier** (Elysée), ✻, quai de Bercy, Charenton.
**Chenal,** ❦, Conseiller Général, Alfort.

Mme **De la Fizelière,** 113, boulevard Beaumarchais, Paris.

MM. **Digard,** ❦, rue des Quatre-Vents, Charenton.
**Leroux,** ❦ I, 3, place Henri IV, Charenton.
**Leclerc,** notaire, 47, rue de Paris, Charenton.
**Mainy,** 18, rue Victor-Hugo, Charenton.
**Privé,** 79, rue de Paris, Charenton.
**Roblot,** ✻, 8, rue de la République, Charenton.
**Voisin,** ✻, ❦ I, Maire de Joinville-le-Pont.

---

## MEMBRE DONATEUR

M. **Bricka,** rentier, avenue de Gravelle, Charenton.

## MEMBRES ACTIFS

---

MM. **Aurili** Ricardo, 2, rue d'Arcueil, Paris.

**Bailly A.**, 13, rue Marty, Charenton.

Mlle **Barbat**, 79, rue de Paris, Charenton.

**Beaudinot**, 118, boulevard Voltaire, Paris.

Mme **Bourillon-Tournay**, ✿ I., Asile des Convalescents, Saint-Maurice.

MM. **Canard**, rue du Plateau, Saint-Maurice.

**Casse** (R.), 33, avenue du Maine, Paris.

Mme **Charpenet**, 9 avenue de la Liberté, Charenton.

MM. **Charpenet, P.**, ✿, 9, avenue de la Liberté, Charenton.

**Contrault**, 60, rue de Fontenay, Vincennes.

MM. **Delahogue** (Alexis), 15, rue Grange-Batelière, Paris.

**Delahogue** (Eugène), 15, rue Grange-Batelière, Paris.

**Delbos**, villa Houdart, Alfort.

Mlle **Delonchant**, 1, rue de Mirbel, Paris.

**Desaniaux**, 4, place de la Mairie, Alfortville.

**Destable**, 2, rue Ambroise-Paré, Paris.

Mlle **Doré**, 56, Grande-Rue, Saint-Maurice.

**Dumont**, 67, Grande-Rue, Saint-Maurice.

MM. **Dupérrey**, 5, rue de l'Acqueduc, Paris.
**Dussault**, ✻. ✻. ✪ I., 9, avenue de la Liberté, Charenton.

Mme **De la Fizellière-Ritti**, 57, Grande-Rue, St-Maurice.

Mme **Geffroy**, 16, rue Allary, Créteil.
MM. **Génin**, 6, rue de la République, Charenton.
**Girond**, 30, rue des Epinettes, Saint-Maurice.
**Guey**, 4, rue Granville, Saint-Mandé.
**Guyon** (Georges), ✪, 14, avenue de l'Asile, Saint-Maurice.
**Guyon** (Henri), 14, avenue de l'Asile, Saint-Maurice.
**Guyon** (Maurice), 14, avenue de l'Asile, Saint-Maurice.

MM. **Hariot**, 19, rue des Sapins, Charenton.
**Heingle**, 3, rue Edmond-Nocard, Saint-Maurice.
**Hubert**, 27, rue du Val-d'Osne, Saint-Maurice.

MM. **Jehlé**, 141, rue Legendre, Paris.
**Joffrin** (Gustave), 3, place Henri IV, Charenton.
Mlle **Jourjon**, 2, cité Bergère, Paris.
**Jullien** (Cécile), ✪, 61, avenue Daumesnil, Paris.

M. **Kireevski**, ✪ I., 65, avenue Marceau, Paris.

M. **Levé**, 8, boulevard d'Argenson, Neuilly-sur-Seine.
Mlle **Leblanc**, 2, rue Edgard-Quinet, Grand-Montrouge.
MM. **L'Huillier** ✪, 17, route de Crosne, Villeneuve-St-Georges.
**Loriot**, 44, rue des Écoles, Villeneuve-Saint-Georges.

M. **Mairet**, 33, rue du Plateau, Saint-Maurice.
Mlle **Malbet**, 7, place Saint-Michel, Paris.
MM. **Marsoulan**, 90, rue de Paris, Charenton.

|  |  |
|---|---|
|  | **Merlin**, ✿ I., 6 *bis*, rue de l'Archevêché, Charenton. |
| Mme | **Mery** (Jeanne), 131, rue de Fontenay, Vincennes. |
|  | **Moreau**, ✿, 37, rue de Paris, Charenton. |
| MM. | **Noëll**, 11, rue des Ormes, Charenton. |
| MM. | **Pitié**, 31, rue de Belleville, Paris. |
|  | **Philippe**, Gare du Parc-Saint-Maur. |
| Mlle | **Ponsard** (Andhrée), 96, rue de Paris, Vincennes. |
|  | **Porquer** (Suzanne), 8, rue Saint-Luc, Paris. |
| MM. | **Renault**, 5, rue de Bretagne, Alfort. |
|  | **Renoir**, 5, rue de l'Amiral-Courbet, Alfort. |
|  | **Reymond**, 40, avenue de Gravelie, Charenton. |
|  | **Regueton**, 4, rue Gisele, Montgeron. |
|  | **Roques**, 105, cours de Vincennes, Paris. |
| M. | **Sezeyrat**, 11 *bis*, rue du Barrage, Alfortville. |
| Mlle | **Stella-Samson**, 4, boulevard de la Bastille, Paris. |
| M. | **Vezien**, 60, route de Villiers, Paris. |

EXPOSITION DE 1905

# CATALOGUE

DES

# Œuvres Exposées

## PEINTURE

ALLOUARD (Edmond) ✿ I, 47, rue de Seine, Paris.
Elève de Lechevallier-Chevignard, M. H., Salon A. F.

Nos 1 — Fleurs.
2 — Fleurs dans un Paysage.

ANFREVILLE (Charles), 8, rue Baulant, Paris.
Elève de Gratia.

3 — Goûter Algérien (nature morte).

BARBÉ (Léonce), 2, rue Saint-Denis, Courbevoie.
Elève de Fremiet et Mercié, Méd. Br., Méd. Arg., Prix du Ministre des Beaux-Arts.

4 — Paysage (étude).

BIENVÊTU (Gustave) ✿ I, 14, rue de la Fraternité, Colombes.
Elève de Jules Petit et Aumont, Méd. Ver. Nogent-sur-Marne 1903, Méd. Arg. Charenton 1904, Méd. Or Villeneuve-Saint-Georges, Argenteuil, etc.

5 — Pour la Fête de ce soir !...
6 — Chez le Rosiériste.

BLANC (Léon), 2, Grande-Rue, Saint-Maurice.

7 — Un Matin au Hâvre.

BOURILLON TOURNAY (Mme Jeanne) I, Asile des Convalescents, Saint-Maurice.
Élève de F. Humbert et Saintpierre, Méd. Salon des A. F., Méd. Or Charenton.
8 — Dédé (Portrait).

BREMONT (Henri), 164, Rue de Paris, Puteaux.
Élève de Gérome et Cormon, H. C. Salon des A. F.
9 — La Forge.

CARPENTIER (Adrien), ✲, 69, Grande-Rue, Saint-Maurice.
Élève de Chicolot.
10 — Bout de Serpentine au bois de Vincennes.
11 — Au Cimetière de Saint-Maurice.

CASTAGNARY (Mlle Gabrielle), 10, rue Eugénie, Saint-Mandé.
Élève de H. Voisin.
12 — Études.

CHARPENET-DUSSAULT (Mme), 7, avenue de la Liberté, Charenton.
Élève de Mlle Andréani, Méd. Br. Charenton 1902. Sre.
13 — Kiki.

CONTRAULT (Émile), 60, rue de Fontenay, Vincennes. Sre.
Élève de Frank Bail, Méd. Br. Charenton 1902, Méd. Arg. Versailles 1904.
14 — L'Estacade (Effet du soir).

COURMONT (Mme Marie-Albane), 34, quai de la Charité, Lyon.
Élève de Gustave Colin, Méd. Br. Charenton 1903.
15 — Lever de Soleil (Lac des 4 cantons).
16 — Glacier d'Arsine et Source de la Romanche.

DARNIS (Gabriel), 14, rue Monmory, Vincennes.
Élève de Robin.
17 — Chardons bleus (Côte d'Émeraude).

DEPLANTÉ-VOYOT (Mme B.), 41, rue de Neuilly, Clichy. Sre.
Élève de E. Carrière. Méd. Versailles, Paris, etc.
18 — Cathédrale de Mons.
19 — Chœur de la Cathédrale de Mons.
20 — Nef de la Cathédrale de Mons.
21 — Vieux toits Belge Mons (Effet d'hiver).

DELAHOGUE (Alexis), 15, rue Grange-Batelière, Paris. Sre.
Méd. Or, Arg. Versailles et Montreuil.

22 — Ferme en Seine-et-Marne.
23 — Ferme Batique, Blandy-les-Tours (Seine-et-Marne).
24 — Ancien Moulin de la Roue, Moisenay (Seine-et-Marne).
25 — Coin de Jardin.

DELAHOGUE (Eugène), ✿. 15, rue Grange-Batelière, Paris. Sre.
Méd. Or et Arg., Montreuil, St-Mandé, Charenton.

26 — Pré Thuat à Blandy-les-Tours (Seine-et-Marne)
27 — Le matin dans la Vallée, Blandy-les-Tours (S.-et-M.).
28 — Place des Tours, Blandy-les-Tours (Seine-et-Marne).
29 — Vieille Ferme, Moisenay (Seine-et-Marne).

DELBOS (Émile), Villa Houdart, Alfort. Sre.
Elève de Cabanel.

29 *a* — Poatrait de M. Dejeante, Député.
29 *b* — Hélène et Pierre (Portrait).
29 *c* — L'Armençon à Cheny (Yonne).
29 *d* — Le Moulin Brulé, Alfort.

DESTABLE (J.-B.-Frédéric), 2, rue Ambroise-Paré, Paris.
Elève de l'Ecole des Arts décoratifs.

30 — Le Moulin de Jarcy.
31 — Nature Morte.

DOLL PANSERON (Mme Louise), ✿, 6, rue de Lavrillière, Paris.
Elève de G. Jeannin.

32 — Botte de Lilas.
33 — Anémones.

DUPERREY (Hippolyte), 5, rue de l'Aqueduc, Paris. Sre.
Elève de Léon Hodebert et Mathieu Merlin, Méd. Br. Charenton 1901, Méd. Arg. Charenton 1904.

34 — Nature morte.
35 — Nature morte (étude).
36 — Le Loing à Montigny (Seine-et-Marne).

DUSSAULT (Arthur), ✵, ✪ I., ✪, 7, av. de la Liberté, Charenton.
Élève de Garreau. S^re^.
37 — La Vanoise (Savoie).
38 — Sur la route de Pralognon (Savoie).
39 — Les bords du Loing (Automne).
40 — Un coin de Montigny-sur-Loing (Seine-et-Marne).

DVORAK (Frant), 80, rue Charles-Lafitte, Neuilly-sur-Seine.
Méd. Or, Charenton 1904.
41 — Portrait.
42 — La Dame aux fleurs de marronniers.

FIZELIÈRE-RITTI (Mme Marthe DE LA), 57, Grande-Rue, St-Maurice.
Élève de Ch. Colas. Sre.
43 — Portrait de Mme R.
44 — Portrait de M. Ch. Colas.

GARCEMENT (Alfred) ✪, Varzy (Nièvre).
Élève de Pils Laemlin et Duval-le-Camus.
45 — Le Gué de la Huche (Vallée de la Nièvre).
46 — Au Soleil.

GIRARD (Eugène), 44, Quai de la Rapée, Paris.
47 — Remorqueur Pont de Choisy-le-Roi.
48 — Remorqueur Pont d'Austerlitz.

GEFFROY (Mme Louise), 16, Rue Allary, Créteil (Seine). Sre.
Élève de G. Ory, Med. Br. Charenton 1904.
49 — Roses Panier Louis XV.
50 — Boules de Neige.

GIROND (Léon), 30, Rue des Epinettes, Saint-Maurice. Sre.
Élève de L. Simonnet et Ch. Ravaisson-Molien, M. H. Villeneuve-Saint-Georges.
51 — Chemin de Tigery (Forêt de Sénart).
52 — Bois de Lagrange en Hiver.

GOUNIN (Henri) ✪ I, 62, Boulevard du Montparnasse.
Élève de Dardoize, Méd. Exp. Univ. 1900.
53 — Bords du Loing, Moret (S.-et-M.).
54 — Dans la Prairie, Moret (S.-et-M.).

GROSJEAN (Mlle Thérèse), 1, Rue Valiton, Clichy.
Élève de Jean-Paul Laurens et Benjamin Constant.
55 — L'après-midi au Parc Denain (Clichy).
56 — Nature Morte.

GUÉRIN (Mme Denise), 1, Rue des Ormes, Charenton.
Élève de Mme Lardy.
57 — Murs du Château de Coubertin (Vallée de Chevreuse).

GUEY (Fernand), 4, rue Granville, Saint-Mandé (Seine). Sre.
Élève de Cormon, Dameron et Flameng.
58 — Canal Saint-Martin à la Bastille (Effet du soir).
59 — Sous Bois à Vincennes.
60 — Rue des Orfèvres à Clerval (Doubs).
61 — Cascade au Moulin de Lods (Doubs), pochade.

GUINGAND (Mlle Marguerite), Villa Shaken, Saint-Maur.
61 *a* — Bords de la Marne, Saint-Maur (Étude)
61 *b* — Environs de Brides-les-Bains.

HARIOT (Octave), 19, Rue des Sapins, Charenton. Sre.
Élève de Sauzay, Méd. Charenton, Langres
62 — En Forêt.
63 — La Rue des Remparts, Avallon (Yonne).
64 — Le Saut Daussoir, près Avallon (Yonne).

HEALY (Mlle Laura), 15, Boulevard Dubouchage, Nice.
Élève de G. Thurner, Méd. Or, Méd. Arg. Provins, Charenton, etc.
65 — Fleurs des Champs.
66 — Le Dessert (nature morte).

HENRION (F.-Amédée) ✠, 8, Route de Brie, Joinville-le-Pont.
67 — En Arrêt.
68 — Viaduc de Nogent-sur-Marne

JOLY (Jules), 13, Rue Jean-Beausire, Paris.
69 — Nature morte.
70 — Pêches.

JOUSSET (Léon), 35, Rue de Vitry, Alfortville.
Méd. Br.
71 — Gorges d'Anval (Auvergne).
72 — Une Rue à Royat.

JULLIEN (Mlle Cécile) 🏵, 61, Avenue Daumesnil, Paris. Sre.
Hors Concours.
73 — Dans la Zône à Alfort (Seine).

JUMELET (Emile), 3, Rue Jolly, Saint-Mandé.
Elève de Bouguereau, Méd. Br., Méd. Arg. Charenton.
74 — Portrait de Mme C. B.
75 — L'Automne.

KIREEVSKY (Etienne) 🏵 I, 65, Avenue Marceau, Paris. Sre,
Elève de Bonnat, Méd. Or.
76 — Giraldine.
77 — Etude.

LACOUR (Louis), 1, Rue du Puits-Georget, Créteil.
Elève de Berthier, M. H. Charenton.
78 — En Visite.
79 — La Révérence.

LAURENT (Georges), 19, Avenue du Grand-Chêne, Parc Saint-Maur.
80 — L'Arbre penché à Créteil (Etude).

LEMEUNIER (Basile), 162, Boulevard Voltaire, Paris.
Elève de Hédin et Detaille, Méd. Salon A. F. 1891. Méd. Br. Exp. Univ. 1900.
81 — Trottin et Ramoneur.
82 — Trottin sous la pluie.

LEMEUNIER (Carolus), 162, Boulevard Voltaire, Paris.
Elève de son Père et de Detaille.
83 — Le Bon Mot.
84 — Le Travail Interrompu.

LE PETIT (A. M.), 37, Rue Lamarck, Paris.
85 — Paysage Goussainville.

LEVÉ (Frédéric), 8, Boulevard d'Argenson, Neuilly-sur-Seine. Sre.
Elève de Gérôme et Aublet.
86 — Effet de Soleil (Ile de Bréchat).
87 — Coucher de Soleil (St. Cast).

L'HUILLIER ✿, 17, Route de Crosne, Villeneuve-Saint-Georges. Sre.
Elève de Liugi-Loir.
88 — Le Soir sur la Lagune (Venise).

LOCHELONGUE (Mlle Marie), 1, Avenue de la Maison-Brulée, St-Maur
Elève de Ch. Bricoux.
89 — Bord de la Marne, Créteil.

LORIOT (Pierre), 44, Rue des Ecoles, Villeneuve-Saint-Georges. Sre.
Méd. Br. Charenton 1904, Méd. Or Villeneuve-Saint-Georges, 1904, Méd. d'Hon. Villeneuve-Saint-Georges 1905.
90 — Vieux Saules au Bord de l'Yerres.

MALBET (Mme Léontine) ✿, 7, Place Saint-Michel, Paris. Sre.
Elève de Cabanel, Méd. Arg. Charenton 1904, Méd. Or, M. H. Exp. Univ. de Lyon, etc.
91 — Un Coin du Cellier.

MASSIN (Louis) ✿, 95, Rue de Vaugirard, Paris.
Elève de Gérome. E. Krug, Gabriel Ferrier.
92 — Fileuse à Paimpol (Bretagne).

MERLIN (Mathieu), ✿ I., ✿, ✠, 6 *bis*, rue de l'Archevêché Charenton. Sre.
Elève de Cabanel et R. Collin, Méd. or, argent et diplôme d'honneur, à Moulins, Bourges, Perpignan, etc.

93 — Lotus.
94 — Pivoines.
95 — Laveuses à l'Eperon (Nevers).
96 — Lisière de bois, près Nevers.

MONNET (Joannès), 65, rue Sainte-Anne, Paris.
Elève de H. Vion.
97 — La Mare.

MOREAU (François), ✿, 37, rue de Paris, Charenton. Sre.

98 — Etude.

99 — Etude.

NICLOT (Gustave), 13, rue Jeau-Beausire, Paris.
Elève de Frémiet Bellynck et Canet père, M. H. Méd. Ver.

100 — Lion et Lionne au désert.

PITIÉ (Charles), 31, rue de Belleville, Paris. Sre.
M. H. Charenton 1904.

101 — Intérieur à Commissey.

102 — Environs de Saint-Martin (Yonne).

PLUZANSKA (Mlle Elisabeth), 25, rue Bruyn de Perreuse, Nogent-sur-Marne.
Elève de Rivoire et de Mlle P. Caspers. M. H. Montreuil. Méd. Arg. Vincennes.

103 — Roses et Œillets.

104 — Lilas et pensées.

105 — Œillets et roses.

SCHREIBER (Georges), 3, rue Jules-César, Paris.
Elève de F. Quignon.

106 — Les Meules.

SEZEYRAT (Paul), 11 *bis*, rue du Barrage, Alfortville. Sre.
M. H. Charenton 1904.

107 — Marguerite au rouet.

108 — Portrait.

109 — Le matin, Bord de la Marne.

110 — Soleil couchant (Etude).

TIQUET (Charles), 42, Rue Mazarine, Paris.

111 — Souffleur de Verre.

112 — Nature morte.

TIQUET (Fernand), 42, Rue Mazarine, Paris.
Elève de Gérome, Bouguereau et R. Collin.

113 — Portrait de Mlle C. T., appartient à M. C. T.

114 — Intérieur de l'Eglise Saint-Germain-l'Auxerrois.

TOURTE (Lucien), 6, Boulevard de l'Hôtel-de-Ville, Montreuil-sous-Bois.
Elève de Bouchet, Méd. Arg. Charenton.

115 — Le Viatique.
116 — La Cité.

TOUSSAINT (Mlle Caroline), 1, Place Armand-Carrel, Paris.
Elève de Dawant.

117 — Nature morte.
118 — Tête de Christ, d'après Durer (Peinture sur verre).

VAN COPPENOLLE (Edmond), Montigny-sur-Loing (S.-et-M.).
119 — Coq et Poules.

VAN DER VINCK (Adolphe), 7, Quai d'Alfort, Alfort.
Elève de Salomi.

120 — Lisière (Paysage).
121 — Portrait de l'Auteur.

VEZIEN (Victor) ✿, 60, Route de Villiers, Champigny. Sre.
M. H. Lyon 1883, Méd. Br. Charenton 1904.

122 — L'Ile d'Amour et la Marne au Perreux.
123 — Moutons et Agneaux.

WIOTTE (Mlle Marie), 106, Rue Oberkampf, Paris.
Elève de Lorieux.

124 — Deux Frères d'infortune.

## Dessins, Aquarelles, Pastels, Miniatures, Emaux, Gravure et Lithographie, etc.

BARBÉ (Léonce), 2, rue Saint-Denis, Courbevoie.
Elève de Fremiet et Mercié. Méd. Br., Méd. Arg., Prix du Ministre des Beaux-Brts.

125 — Atlas étude (dessin).

BEAUDINOT (Mlle Germaine), 118, boulevard Voltaire, Paris. Sre.
Elève de Mlle A. Ponsard. Méd. Br. Charenton St-Mandé.

126 — Panneau de Lilas (dessin à la plume).

BENOIT (Mlle Marguerite), 101, avenue de Villiers, Paris.
Elève de Mesdames Debillemont-Chardon et B. Jouvin.

127 — Une vitrine — Femmes couronnées de roses (miniature).
Femme au bonnet —
Silhouette parisienne —
Femme moyen âge —
Portrait de Monseigneur Favier, Evêque de Poitiers (miniature).

BERLOT (Mlle Gabrielle), 96, avenue de Versailles, Paris.
Elève de Mlle Stella Samson.

128 — Roses et Marguerites.

129 — Raisins.

BERTHÉ (Mlle Léontine), 9, rue de Saint-Mandé, Charenton.
Prix du Préfet de la Seine.

130 — Gerbe d'Orchidées (aquarelle).

BORDIER (Mlle Juliette), 60, Rue de la Tour, Paris.
Elève de Mme Piton Guitel, M. H. Charenton 1904, Méd. Arg. Villeneuve-Saint-Georges 1904.

131 — Roses Tremière (Aquarelle).

132 — Roses —

CASSE (René), 33, Avenue du Maine, Paris. S^re.
Elève de Cabanel et Carrier Belleuse.
133 — Faisan (Pastel).
134 — Glayeuls (Pastel).

CHARBUY-CAUDRON (Mme Marguerite) ✿, 20, Rue du Petit-Musc, Paris.
Elève de Bellay, F. Pelez et Sieffert, Méd. Br. Charenton 1901, Méd. Arg. 1902.
135 — Tulipes Perroquet (Aquarelle).
Appartenant à M. D.
136 — Fleurs d'Eté (Aquarelle).

CHEVALLIER (Alexandre), 18, Rue Boulay, Alfortville.
137 — Fleurs (Aquarelle).
138 — Begonias (Aquarelle).

COLLE (Léonce), 8, Rue Bertin-Poirée, Paris.
Elève de Allongé, Méd. Br., Charenton, Villeneuve-Saint-Georges.
139 — Etang de Ville-d'Avray, Effet de Printemps (Aquarelle).
140 — Marée Basse à Quiberville (Aquarelle).

CONTRAULT (Emile), 60, Rue de Fontenay, Vincennes. S^re.
Elève de Frank-Bail, Méd. Br. Charenton 1902, Méd. Arg. Versailles 1903.
141 — Au Café (Dessin).
142 — Croquis pris au Mans (Dessin).
143 — Sablé, Grande-Rue (Aquarelle).

CORDIER (Adolphe), 20, avenue Félicie-Cholet, Charenton.
144 — Oiseaux d'après Giacomelli (dessin à la plume).

CRŒDEY (Mlle Clémence), 75, rue de Paris, Charenton.
Méd. Br. Charenton.
145 — Pivoines, vieux livres sur tables en désordre (aquarelle).
146 — Œillets.

DARNIS (Gabriel), 14, rue Monmory, Vincennes.
Elève de Robin.
147 — L'Épave (aquarelle).
Appartient à M. Berthier.

DELAGNEAU (Mlle Madeleine), 52, rue des Écoles, Charenton.
Elève de Mlles Lamy et A. Hudelot. Méd. Br. Char. 1904.

148 — Fleurs d'hiver et vieux livres (pastel).
149 — Etude de Quarantaines (aquarelle).

DELONCHANT (Mlle Amélie) 1, rue de Mirbel. Paris. Sre.
Elève de Bulot et de Mme Mad. Lemaire. M. H. Char. 1903.

150 — Les communs (aquarelle).
151 — Dielytras —
152 — Avant maturité, prunes (aquarelle).

DÉPLANTÉ VOYOT (Mme B.), 41, rue de Neuilly, Clichy. Sre.
Elève de Eug. Carrière. Méd. Versailles, Paris, etc.

153 — Méditation (dessin).
154 — Tête au crépuscule (dessin).
155 — Buse les ailes étendues (aquarelle).
156 — Vieille femme en bonnet Louis XV (pastel).

DERVAUX (Mlle Julia), 53 *bis*, Avenue de Gravelle, Charenton.
Elève de l'Ecole des Arts Décoratifs, Méd. Arg., Méd. Or.

157 — Roses Trémières (Aquarelle).

DESANIAUX (Mlle Esther), 4, Place de la Mairie, Alfortville. Sre.
Elève de l'Ecole des Arts Décoratifs.

158 — Etudes de Pivoines (Aquarelle).

DURIEZ (Mlle Marcelle), 94, Avenue du Chemin-de-Fer, Rueil.
Elève de son grand-père et de Rivoire, Méd. Br. Charenton 1901, Méd. Arg., Tours 1904.

159 — Roses.
160 — Giroflées.

ECK (Robert), 3, Rue de l'Egalité, Vincennes.
161 — Portrait de Corot (Dessin).

ESPELETTE (Paul), 5, Avenue des Familles, Joinville-le-Pont.
Elève de Hista, Méd. Verm.

162 — Bras de Marne, Joinville-le-Pont.
Viaduc de Nogent, Domaine du Tremblay.

FEDIT (Antoine), 24, rue de Bretagne, Maisons-Alfort.
Elève de E. Vallon.
163 — Coucher de Soleil à l'Ile de Cormoran. Charentonneau. (Aquarelle).

GARNIER-RAFAT (Mme), 2, Rue Jean-Lantier, Paris.
Elève de Mme Debillemont-Chardon, M. H., Méd. Br. Charenton.
164 — Etude (Miniature sur Ivoire).

GATINEAU (Mlle Henriette), 5, Place de la Mairie, Saint-Mandé.
Elève de Mlle Desaniaux, Méd. Br. Charenton 1903, Saint-Mandé 1904.
165 — Souvenir d'Alger (Aquarelle).
166 — Envoi de Nice (Aquarelle).

GENIN (René), 6, Rue de la République, Charenton. Sre.
Elève de l'Ecole des Arts Décoratifs.
167 — Geraniums (Aquarelle).

GIBIER (Mlle Lucie), 52, Rue Saint-Sébastien, Paris.
168 — Une vitrine contenant : Le Soir en Bresse (Miniature).
Jeune Fille au Chapeau (Miniature)

GOURREAU (Mlle Marthe), 70, Rue de Saint-Mandé, Saint-Maurice.
Elève de Mlle Hudelot, Méd. Arg. Charenton 1904.
169 — Violettes et Lilas Blancs (Aquarelle).

GRIMAUD (Mlle Manuelita) ✿, 12, Rue Guichard, Paris.
170 — Vieillards de Napoli (Italie), Miniature.

HILPERT (Jacques), 32, rue de Vaugirard, Paris.
Elève de Diogène Maillart. M. H. Charenton 1902.
171 — Légion Lyonnaise 1814 (aquarelle).

JOLY (Jules), 13, rue Jean Beausire, Paris.
172 — Tête (Fabiola de Henner) pastel Vitrifiable.

JOURJON (Mlle Mary), ✿, 2, cité Bergère, Paris.
Elève de G. Bonfils, Méd. Or Paris 1900, Argenteuil, Tours, Méd. Arg., Enghien.
173 — La Nuit, d'après G. Bonfils (lithographie).

JULLIEN (M^lle Cécile), ✿, 61, avenue Daumesnil, Paris. Sre.
Hors concours,
174 — Paysanne Hollandaise, d'après Van der Helst (lithographie). (acquis par l'Etat).
175 — Maison de Pêcheur à Oniwal (Somme) (aquarelle).

JUMELET (Emile), 3, rue Jolly, Saint-Mandé.
Elève de Bouguereau. Méd Br., Méd. Arg, Charenton.
176 — Moutons (Dessin).

LAURENT (Georges), 10, avenue du Grand-Chêne, Parc-St-Maur
177 — Lassitude, d'après le pastel de Carrier Belleuse (lithographie en couleur).

LAVRILLAT (M^lle Germaine), 54 *bis*, avenue de Gravelle, Charenton.
Elève de M^lle Minachon. Méd. Br. Charenton.
178 — Tulipes (aquarelle).

LEBLANC (M^lle Marie), 2, rue Edgard-Quinet, Grand Montrouge. Sre.
Elève de Hista et de M^me Ormeaux.
179 — Pivoines (aquarelle).
180 — Panier de pommes (aquarelle).
181 — Nature morte —
182 — Marine (faïence grand feu).

LECOCQ (M^lle Henriette), 6, rue Thénard, Paris.
Elève de Henri Lefort.
183 — Eglise d'Arcy, effet d'orage (eau forte "originale".

LEMAIRE (M^me Marie), 14, rue Montrosier, Neuilly-sur-Seine.
Elève de Berthélemy et Rivoire.
184 — Bourriche de Géraniums (aquarelle).
185 — Roses dans un vase —

LE PETIT (A.-M.), 37, rue Lamarck, Paris.
186 — Marché aux vaches (dessin aquarelle).

LERTOURNÉ (M^lle M.), 28, rue l'Epinette, Saint-Mandé.
Elève de G. Poitevin.
187 — Maitresse, d'près Chapelin (peinture porcelaine).
188 — Assiette —

LEVÉ (Frédéric), 8, boulevard d'Argenson, Neuilly-sur-Seine. Sre.
Elève de Gérôme et Aublet.
189 — Rêverie (lithographie originale).
190 — Le repos du modèle (lithographie originale).

LOCHE (Mlle Suzanne), 9, Boulevard de Reuilly, Paris.
Elève de Devos.
191 — Portrait (Miniature).

LORIOT (Mlle Marguerite), 8, Rue Saint-Antoine, Paris.
Elève de Mlle Pélican.
192 — Pivoines (Aquarelle).
193 — Chênes Rouges (Aquarelle).

LORIOT (Pierre), 44, rue des Ecoles, Villeneuve-St-Georges, Sre.
Méd. Br. Charenton 1904. Méd. Or Villeneuve-St-Georges 1904, Méd. d'honneur Villeneuve-St-Georges 1905.
194 — Vieille Chaumière Nivernaise (Aquarelle).
195 — Coin de Village Nivernais —
196 — Portrait de feu M. Mainville de l'Opéra comique (Aqlle).

LORIOT (Mlle Suzanne), 8, rue Saint-Antoine, Paris.
Elève de Mlle Pelican.
197 — Raisins (aquarelle).

MARC (Edmond), 3, rue de Granville, Saint-Mandé.
198 — Le Hameau du petit Trianon (dessin à la plume).

MASSIN (Louis), ✿, 95, rue de Vaugirard, Paris.
Elève de Gérôme, E. Krug, Gabriel Ferrier.
199 — Seigneur Louis XIII (dessin à la plume).

MAUJAN-VANDONGHEN (Mme Mathilde), impasse de l'Abbaye, Saint-Maur.
Elève de Benjamin Constant, Tony-Robert Fleury.
199 *a* — Jeune Fille aux coquelicots (Pastel).

MICHEL (Georges), 27, rue de Chazelles, Paris.
Elève de l'Ecole nationale des Arts Décoratifs, Méd. Or Villeneuve-St-Georges 1904.
200 — Un cadre contenant 6 aquarelles, Bords de la Seine, Bords de l'Yerres.

MONNET (Joannès), 65, rue Sainte-Anne, Paris.
Elève de H. Vion.
201 — Les quais à Paris (Eau forte)

NOELL (Emile), 11, rue des Ormes, Charenton. Sre.
Elève de Gérome, Gabriel Ferrier et Merlin.
201 *a* — Dessin au fusain d'après Bernardino Luini.

PAMPIN (Mlle Jeanne), 10, rue Saint-Roch, Paris.
Elève de Mlle Stella Samson.
202 — Tulipes (Aquarelle).
203 — Raisins

PERRÉE (Mlle Marthe), 121 *bis*, rue Notre-Dame-des-Champs, Paris.
Elève de Mlle Pelican.
204 — Nature morte (Aquarelle).
205 — Vanitas Vanitatum et Omnia Vanitas (Aquarelle).

PINTA (Mlle Gabrielle), 2ter, Rue du Moulin, Vincennes.
Elève de Mayeux et de Mlle Bl. Odin.
206 — Bourriches de Roses (Aquarelle).
Appartient à Mme C. P.
207 — Au Temps des Jeux Floraux (Composition d'Eventail).

PITET (Charles), 21, Rue Louis-Blanc, Alfortville.
Elève de Delhos.
208 — Fleurs (Aquarelle sur fond mosaïque).

PLUZANSKA (Mlle Elisabeth), 25, Rue Bauyn-de-Perreuse, Nogent-sur-Marne.
Elève de Rivoire et de Mlle Caspers, M. H. Montreuil, Méd. Arg. Vincennes.
209 — Iris (Aquarelle).
210 — Hortensias (Aquarelle).

PONSARD (Mlle Andrée), 96, Rue de Paris, Vincennes. Sre.
Elève de Rivoire et Baschet; Méd. Or, Charenton, Vitry, etc.
211 — Chrysanthèmes et Pensées (Aquarelle).
212 — Lauriers Roses —
213 — Roses et Marguerites —
214 — Etude (Pastel).

POPOT (Henri) ✿, ✣, 19, Rue Saint-Mandé, Charenton.
Elève de Giraudeau et Pillard, M. H. Charenton 1904.
215 — Cathédrale de Sens (Aquarelle).

PREGNIARD (Mlle Clotilde), 9bis, rue Lacuée, Paris.
Elève de Mlle Stella Samson.
216 — Cerises et Marguerites (Aquarelle).
217 — Capucines (Aquarelle).

RABOUILLE (Charles ✿), 51, Grande-Rue, Longjumeau (S.-et-O.).
Elève de Henriquel, Dupont, Maillard, M. H. Salon A. F. 1901, Méd. Arg. Villeneuve-Saint-Georges 1904.
218 — Obsession d'après Jose Frappa (Eau forte et burin).

RABOUILLE (Mme Emilie), 51, Grande-Rue, Longjumeau (S.-et-O.)
Elève de Fivoire, Suraud et Mme Madeleine Lemaire. Méd. Br. Villeneuve-Saint-Georges 1904.
219 — Au bord du puits (Aquarelle).

RAIMBOURG (Hyacinthe), 19, rue Gambetta, Villeneuve-St-Georges
220 — Les bords de l'Yonne à Misy (Aquarelle).
221 — Paysage à Villeneuve-St-Georges —

ROBY (Mme Emma), 20, rue des Fontaines, Thorigny-Lagny.
Elève de J. Leroy. Méd. Br., Arg. et Or.
222 — Portrait de mon maitre (Miniature).

ROCQUES (Mlle Geneviève), 105, cours de Vincennes, Paris. Sre.
Elève de Mlle A. Ponsard.
223 — Les saisons des oiseaux (Aquarelle)
(appui musique)

ROGER (Mlle Marie) 57, rue de Paris, Villeneuve-St-Georges.
Méd. Salon A. F.
224 — Roses, effet du soir (Aquarelle)
225 — Roses Trémières, effet de nuit.

SANDIER (Mlle Jeanne), Pavillon C, vieux fort, Vincennes.
Elève de Mlle Joly. Prix du Ministre des Beaux-Arts 1903.
226 — Retour du concert (Aquarelle).
(Nature morte)
227 — Etude sur porcelaine d'après Grivaz.

SOUCHER (Charles), 18 Grande-Rue, Saint-Maurice.
228 — Bouquet de fleurs (Aquarelle).

SOUCHER (Mlle Marie-Louise), 18, Grande-Rue, St-Maurice.
229 — Oiseaux et fleurs (Aquarelle).

STELLA-SAMSON (Mlle Louise), 4, Boulevard de la Bastille, Paris.
Élève de Mmes Madeleine Lemaire et Bl. Odin. Sre.
230 — Œillets (Aquarelle).
231 — Anémones —
232 — Raisins —
233 — Un Calvaire à Roffia (Pochade).

TARANNE (Mlle Marie), 46, Rue Sainte-Placide, Paris.
Élève de Filliard et de Mmes Madeleine Lemaire et Bl. Odin.
234 — Corbeille de Roses (Aquarelle).
235 — Marguerites et Bluets (Aquarelle).

TESTARD (Maurice) ✿, 18, Rue de Chabrol, Paris.
Élève de L. Fournier, M. H. Salon A. F.
236 — Chat et Papillon (Dessin original à la flamme).
237 — Petite Rivière d'Étiolles (S.-et-O.) —

TOUSSAINT (Mlle Caroline), 1, Place Armand-Carel, Paris.
Élève de Dawant.
238 — Silène (Lithographie).
239 — Vieillard —

TRANNOY (Gaston), 5, rue des Écoles, Charenton.
Élève de Marcel Lambert.
239 *a* — Église de Souvigny, Calvados (aquarelle).

VALENTIN (Georges), 372, Rue Saint-Honoré, Paris.
Élève de Leteurtre et Marquerie, Méd. Br. Villeneuve-Saint-Georges 1904.
240 — Vieil Arbre à l'Étang de Ville-d'Avray (S.-et-O.) Aquarelle.
241 — Étang des Écrevisses, Viroflay (S.-et-O.) —

## Objets d'Art et Art Décoratif

BEAUDINOT (Mlle Germaine), 118, Boulevard Voltaire. Sre.
Elève de Mlle A. Ponsard, Méd. Br. Charenton, Saint-Mandé.
242 — Panneaux de Portes (Iris et Hirondelles).
243 — Paravent (Roses).

BERTHÉ (Mlle Léontine), 9, Rue de Saint-Mandé, Charenton.
Prix du Préfet de la Seine.
244 — Projet de Dentelle, d'après le Lys et la Rose.

BETHMONT (Mlle Germaine), 9, Rue Chevalier, Saint-Maurice.
Elève de Mlle Minachon.
245 — Composition Décorative.

BRETON (Mlle Camille), 3, Rue Jolly, Saint-Mandé.
246 — Basse-Cour, Tableau exécuté à l'aiguille (Broderie).
247 — La Laitière, — —
248 — Le Moulin, — —

CHAREAU (Mlle Anne), 92, Rue du Petit-Château, Charenton.
Elève de Mlle Minachon,
249 — Les Libellules (Etain repoussé).
250 — Les Papillons. —

DERVAUX (Mlle Julia), 3, Avenue de Gravelle, Charenton.
Elève de l'Ecole des Arts Décoratifs, Méd. Arg., Méd. Or.
251 — Projet d'une Garniture de Toilette.

DUMAS (Emile), 7, Rue du Marché, Levallois-Perret.
252 — Portière Décorative.

GENIN (René), 6, rue de la République, Charenton. Sre.
Elève de l'Ecole des Arts décoratifs.
253 — L'Automne (Panneau décoratif).

GILBERT (Mlle Yvonne), 5, rue du Progrès, Vincennes.
M. H. Charenton 1904, Méd. Arg. St-Mandé 1905.
254 — Broderie Renaissance.
255 — Çadre photographie (cuir repoussé).

HUCHET (Mlle Yvonne), 48, rue de Dunkerque, Paris.
Elève de Pelezet Mayeux. M. H.
256 — Une vitrine contenant : Buvard cuir.
Liseuse — —
Plateau Etain.
Cadre Pyrogravure.
Boite —

JOURJON (Mlle Mary) ✿, 2, Cité Bergère, Paris.
Elève de Bonfils, Méd. Arg. Enghien, Méd. Or Paris 1900, Argenteuil. Tours.
257 — Album (Cuir repoussé).

LARMÉE (Albert), 2, Rue Victor-Hugo, Charenton.
Elève de son père.
258 — Régulateur de Précision.

LAVENIR (Mme Léontine), 33, Quai Bourbon, Paris.
Elève de Mlle Quimfe.
259 — Cadre (Etain repoussé).
260 — Coffret —

LEMAIRE (Mme Marie), 14, Rue Montrosier, Neuilly-sur-Seine.
Elève de Berthelemy et Rivoire.
261 — Martin, Pêcheur (Panneau cuir).

LORENZI (Mlle Marie), 18, Avenue du Marché, Charenton.
Elève de Mme Charbuy-Caudron.
262 — Projet pour cadre en cuir repoussé et teinté.

LORENZI (Mlle Pauline), 18, Avenue du Marché, Charenton.
263 — Projet d'Ecran de Cheminée.

LORIOT (Mlle Marguerite), 8, Rue Saint-Antoine, Paris.
Elève de Mlle Pélican.
264 — Coussin (Glycine).
265 — Tapis (Marrons).

LORIOT (Mlle Suzanne), 8, Rue Saint-Antoine, Paris.
Elève de Mlle Pelican.
266 — Coussin (Hortensias bleus).

MANGEOT (Georges), Villa Houdart, Alfort.
Élève de Mlle Minachon, M. H. Charenton.
267 — La Capucine (Composition Décorative).

MOTEAU (Mlle Germaine), 10, Rue des Ormes, Charenton.
Élève de Mme Charbuy-Caudron.
268 — Projet d'Éventail en Dentelle et Ivoire.

PORQUER (Mlle Suzanne), 8, Rue Saint-Luc, Paris. Sre.
Élève de Mlle Quimfe, Méd. Br.
269 — Une Vitrine contenant : Un Cadre (Raisin).
Un Porte-Musique (Vigne vierge)
Un Cadre (Glycine).
Un Porte-Cartes.

RECHAUSSAT (René), 9, Rue Chevalier, Saint-Maurice.
Élève de Mlle Minachon, Prix de Saint-Maurice 1904.
270 — Composition Décorative.

REDON (Mlle Jeanne), 48, Rue de Paris.
Élève de Mme Charbuy-Caudron.
271 — Boîte à Gants.

RIESS (Mlle Marguerite), 14, Rue des Accacias, Alfortville.
Élève de Desaniaux, M. H. 1903, Prix du Min. I. P. 1904.
272 — Décoration d'un Vase.
273 — — d'une Boîte.

ROCQUES (Mlle Geneviève), 105, Cours de Vincennes, Paris. Sre.
Élève de Mlle A. Ponsard.
274 — Compositions Décoratives.
275 — Menus et Dessus pour Boîte de Baptême.

RUEFF (Edith), 74, Rue Lafayette, Paris.
Élève de Mlle Cécile Jullien.
276 — Cuirs d'Art.

SOUCHER (Mlle Marie-Louise), 18, Grande-Rue, Saint-Maurice.
277 — Dessus de Tabouret de Piano Brodé.

TESTARD (Maurice) ✿, 18, Rue de Chabrol, Paris.
Élève de L. Fournier, M. H. Salon A. F.

278 — L'Autruche qui retrouve ses Plumes (Estampes décoratives
279 — La Favorite (Coq et Poule) originales au pochoir, numérotées).

VIOLET (Mlle Haydée).
Élève de Mlle Minachon.

280 — Composition Décorative (Le Chardon).
281 — Le Pavot (Étain Repoussé).
282 — Les Chardons (Plateau Étain Repoussé).

# Sculpture

## Gravure en Médailles et Pierres Fines

## Bijoux d'Art

AURILI (Ricardo), Chaussée de Tervuren, 195, Bruxelles. S^re.
Elève de Rivalta et Zocchi.
283 — Terrassier (Terre Cuite Décorée).
284 — Paysanne au Repos —
285 — Semeur —
286 — Femme prenant de l'eau —

BARGAS (Henri), 94, Avenue de Bonneuil, La Varenne-Sainte-Hilaire.
Elève de son père.
287 — Fleurs des Champs (Buste patiné bronze).

BERTRAND (M^lle Charlotte), 24, Avenue du Bel-Air, Paris.
Elève de Fremiet et Valton, Méd. Br., Charenton.
288 — Lion au Serpent (Biscuit).
289 — Lionne Couchée —
Tigre Couché —
Lièvre aux Ecoutes —
Zezette (chienne fox terrier) —
Câlinerie (panthères) —

BRETON (Charles), 3, Rue Joly, Saint-Mandé.
Elève de Barrias, Coutan et R. Verlet, Méd. Salon A. F.
290 — Vers l'Infini (Marbre).
291 — Fleurs d'Automne (Plâtre).

CORNIOT (Charles), 41, Rue Amélie, Alfortville.
Elève de C. Cadoux.
292 — Portrait de Grand'Mère, C. P. (Plâtre patiné bronze).

DELAHERCHE (Enguerrand), 111, avenue de St-Mandé, Paris.
Élève de Roty et Vernet Lecomte. Méd. Br. 1889.

293 — Un cadre contenant : Médaillons ivoire (gravure en medailles).
Portraits plaquettes métal.

DELANNOY (Maurice), 24 *bis*, rue Boulay, Alfortville. Sre.
Élève de Walton et Roiné. Méd. Br. Charenton, prix de St-Mandé.

294 — Un cadre contenant : 4 frises, 2 broches et 2 cuillers (plâtre)

DUBOURG (Pierre), 97, rue du Bois, Levallois-Perret.

295 — Après la leçons (Cire dure).
296 — Pendule empire (Plâtre).

FIZELIÈRE-RITTI (Mme Marthe de la), 57, Grande-Rue, Saint-Maurice. Sre.

297 — Portrait de M. Ed. Blanc.
298 — Buste Polychrome (Portrait).

GIBELLINI (Pio), 4, rue Victor-Hugo, Charenton.
Élève de G. Gibellini.

299 — Buste de Gounod (Plâtre)
300 — — Beethoven —
301 — — Wagner —
302 — — J. M. —

HERITIER (Lucien), 1, rue des Ormes, Charenton.
Élève de Auban. Méd. Br. Charenton 1904.

303 — Lecture (Statuette plâtre).
304 — L'Étude (Plaquette)
Batelier —
Médaillons —

HUBERT (Charles) 27, rue du Val-d'Osne, St-Maurice. Ste.

Elève de Bouvet et Levasseur. Méd. Arg. et Verm. Charenton.

305 — Un cadre contenant : Agathe noire et blanche " Bacchanale ".
Agathe jaune et brune " Première confidence "
Cornaline gravure intaille " Tibère empereur romain "
Sourire et fleurs (Moulage d'après cire)
Cygnes (Etude) (Moulage d'après cire).

NÈGRE (Jules), 40, Rue de la Prévoyance, Vincennes.

Elève de Dampt et Marioton, Grand Prix de la R. F. B.

306 — Une Vitrine contenant : Cendrier acier repoussé incrustation or. — Bague prise sur un bloc d'acier incrusté or. — Bague Chimère nautique or vert et opale noire. — Broche Sagittaire appartenant à Mme Ravery. — Broche Muguet appartenant à Mlle Lefrançois. — Epingle Roses argent. — Epingle Pierrot or fin et argent fin. — Epingle Polichinelle or fin sur argent fin. — Epingle Faune nautique or vert et brillant. — Pendant Paon argent fin émaillé. — Pendant Gui argent fin.

NICLOT (Gustave), 13, Rue Jean-Beausire, Paris.

Elève de Fremiet, Bellynck et Canet père, Méd. Arg., Méd. Ver.

307 — L'Attaque Lion et Lionne (Groupe Plâtre).

PEYRE (Raphaël), ✪, 36, rue Gabrielle, Charenton.
Elève de Falguière et Mercié. Méd. Salon A. F.

308 — Harmonies (Groupe Bronze).
309 — Le Baiser —

TERRIER (Jules), 9, villa des Gobelins.
M. H. Salon A. F.

310 — Groupe perruches (Bronze patiné).
311 — Groupe tigres (Terre cuite patinée).

VIRION (Charles), Montigny-sur-Loing (Seine-et-Marne).
Elève de P. Aubé et Ch. Gauthier. M. H. Salon A. F. 1893, Méd. 3e classe Salon A. F. 1895, Méd. Br. Exp. 1900.

312 — Chat.
313 — Groupe de chats.

WAGNER (Frédéric), 8, rue de l'Egalité, Bruxelles.
Elève de son père.

314 — Plat décoratif (Terre cuite décorée).
315 — Plat décoratif —

## Architecture

DUCLOS (Albert), 14, Rue de Saint-Mandé, Saint-Maurice.
316 — Chapiteau Romain.

GUYON (Georges) ✪, 14, Avenue de l'Asile, Saint-Maurice. Sre.
317 — Maisons Ouvrières à Juvisy.

GUYON (Henri), 14, Avenue de l'Asile, Saint-Maurice. Sre.
Elève de son père et de l'Ecole des Arts Décoratifs, Méd. Arg. Charenton.
318 — Un Cercle des Sports.

GUYON (Maurice), 14, Avenue de l'Asile, Saint-Maurice. Sre.
Elève de l'Ecole -es Beaux-Arts, Méd. Arg. Charenton.
319 — Un Hôtel d'Ambassade.

LEVASSEUR (Albert), 6, Rue Nouvelle, Charenton.
Elève de Marcel Lambert.
320 — Un Chapiteau de l'Eglise Saint-Gilles (Gard), Reconstitution archéologique.

MAQUIN (J.), Avenue de la République, Ivry.
321 — Projet de Monument (Maquette Liège).

TRANNOY (Gaston), 5, Rue des Ecoles, Charenton.
Elève de Marcel Lambert, Méd. Br. Charenton 1904.
322 — Grille en Fer Forgé pour Hôtellerie.

## Photographie

### *Section organisée par le Photo-club de Charenton*

---

BARRAT (Albert), rue du Champ Corbilly, Maisons-Alfort.
Membre du Photo-Club de Charenton.
323 — Un tableau photographique.

CHARPENET (Emile), 37, avenue du Marché, Charenton.
Membre du Photo-Club de Charenton.
324 — Un tableau photographique.

CHARPENET (Paul), ✿, 7, avenue de la Liberté, Charenton. Sre.
Membre du Photo-Club de Charenton. Méd. Br. 1902.
325 — Un tableau photographies.
326 — Un tableau photographies.

COLOMBET (Henri), 5, Boulevard du Mail, Sens (Yonne).
Membre Photo-Club Senonnais.
327 — Vaches à l'abreuvoir.
328 — Vieux moulin à Cheny.

DESTABLE (J.-B Frédéric), 2, rue Ambroise-Paré, Paris. Sre.
Membre du Photo-Club de Charenton.
329 — Vues photographiques.

DUCOTÉ (Eugène), 1?5, avenue Daumesnil, Paris.
Méd. Br. Hâvre 1903, Méd. Arg. Bruxelles 1905, Méd. Verm. Nice 1905.
330 — Un Stéréoscope 50 vues.

DUCROZET, 16, avenue Félicie-Cholet, Charenton.
Membre du Photo-Club de Charenton.
331 — Un tableau de photographies,

FONTAINE (Léon), 7, rue de Paris, Créteil.
332 — La Parque Clotho.
333 — Atelier d'artiste.

GOMARD (Henri), 146, Grande-Rue, Sens (Yonne).
Membre du Photo-Club Senonnais.
334 — La Prière à la Grotte.
335 — Fleurs et Fruits.

LEHMANN (Alfred), 6, rue Jean-Cousin, Sens (Yonne).
Membre du Photo-Club Senonnais.
336 — Paysannerie.
337 — Paysage environs de Chablis.
338 — Portrait de Jeune Fille.

LORIOT (Alfred), 8, rue Saint-Antoine, Paris.
339 — Photographies diverses.

MOREAU (François), 🏵, 37 rue de Paris, Charenton. Sre.
340 — Portrait de mes filles, agrandissement.

NINOT (Marcel), 134, Grande-Rue, Sens (Yonne).
Membre du Photo-Club Senonnais.
341 — Soleil couchant sur étang, St-Ange (Forêt d'Ohe).
342 — Jeune Bretonne au rouet (au pastel).

PHOTO-CLUB de CHARENTON, 40, avenue de Gravelle. Sre.
343 — Un tableau photographies.
344 — Un tableau photographies.

PORTÉ (Armand), 87, Rue de la République, Sens (Yonne).
Membre du Photo-Club Senonnais.
345 — Aux Manœuvres.
346 — Portrait d'Enfant.

POUTEAU (Eugène), 12, Rue de Montreuil, Vincennes.
347 — Agrandissement Photographique.
348 — Vues sur Verre.

REGUETON (Léon), 4. Rue Gisèle, à Montgeron (S.-et-O.). Sre.
Méd. Arg. Villeneuve-Saint-Georges 1904, Méd. Arg. Charenton 1904.
349 — Un Grand Panneau Photographique.
350 — Trois Agrandissements.

REYMOND (Louis), 40, Avenue de Gravelle, Charenton. Sre.
Membre du Photo-Club de Charenton.
351 — Tableau Photographique.
352 — Tableau Photographique.

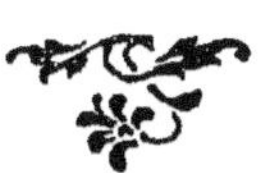

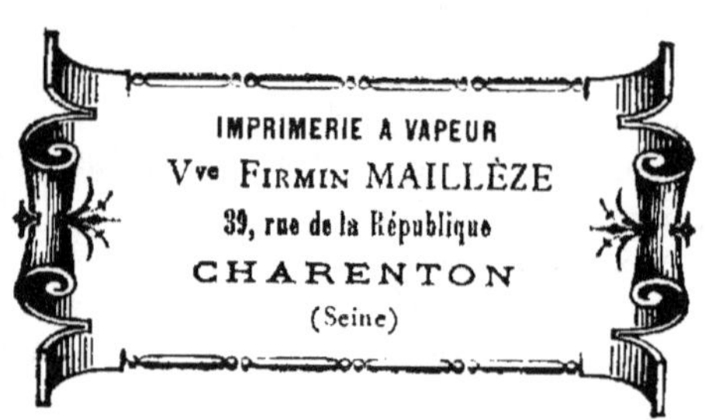
IMPRIMERIE A VAPEUR
Vve Firmin MAILLÈZE
39, rue de la République
CHARENTON
(Seine)

www.ingramcontent.com/pod-product-compliance
Lightning Source LLC
LaVergne TN
LVHW010007230826
846092LV00002B/696